AF145341

Martin Utz

Lebe Mich

Poesie zum Innehalten

1. Auflage November 2013

Herstellung und Verlag: BoD – Books on Demand, Norderstedt

Druck und Bindung: BoD

Layout: SU Productions GmbH

www.lebe-mich.de

Urheberrecht

ISBN 978-3-7322-5125-4

Einleitung

Martin Utz dichtet aus der Seele. Das heißt, er schreibt seine Intuitionen auf. Die Gedichte sind sowohl tiefgründig als auch witzig. Sie sind sehr gefühlsbetont und greifen Alltagssituationen auf. Der Autor scheut sich nicht, Einblicke in sein Seelenleben zu geben, weil Poesie nur authentisch sein kann, wenn sie aus dem Leben gegriffen ist. Der Leser wird dort abgeholt, wo er ihn vermutet. Die Gedichte geben Trost und Anregung, mit Lebenssituationen umgehen zu können. Es werden auch Stimmungslagen zu den vier Jahreszeiten aufgegriffen. Ob Melancholie, Lächeln, Liebe, Zufälle, Bäume, Natur; es gelingt ihm immer, seine positive Grundeinstellung einfließen zu lassen.

Inhalt

Dichten

Wenn ich dichte, bin ich frei,
denn ich schreibe Allerlei.

Nichts ist falsch und nichts ist richtig,
niemand urteilt, nimmt sich wichtig.

Einfach denken, einfach schreiben,
fließen lassen, gehen, bleiben.

Oft kann ich den Fluss nicht steuern,
Worte möchten selbst befeuern.

Reden aus dem tiefsten Innern,
lassen Ahnungen erschimmern.

Wenn ich´s fließen lass´ in Reimen,
erkenn´ ich manch´ Gedanken keimen.

Bin dankbar für die Poesie,
die Stimme in mir endet nie.

„Gebrauchsanleitung"

Teil 1

Lass Dich betören,
von niemandem stören.

Nimm Dir kurz Zeit,
bist Du bereit?

Such´ dir einfach ein Gedicht;
zauber´ Lächeln ins Gesicht.

Setz´ dich hin und lasse los,
leg´ die Hände in den Schoß.

Teil 2

Nichts tun
nur ruh´n.

Sitzen
nicht schwitzen.

Nur Genuss
kein Verdruss.

Gehen lassen
keine Gedanken fassen.

Warmer Bauch
Lächeln auch.

Kerze

Ein neuer Tag beginnt zu leben
wir alle möchten zur Sonne streben.

Kaum beginnt ihr Licht zu glimmen,
hört man tausend Vogelstimmen.

Tau am Boden hebt sich langsam,
nimmt die Träume mit empor.

Augen öffnen ihre Lider;
der Alltag hat uns wieder.

Jetzt beginnt das Spiel von Neuem:
Mut! Du brauchst dich nicht zu scheuen.

Nimm den Tag als neues Glück,
schau nach vorn und nicht zurück.

Eine Kerze kann uns lehren,
wie wir neuen Tag begehren.

Der Docht ist schwarz, die Kerze kalt,
der Rauch von gestern ist verhallt.

Zünde deine Kerze an:
Staune, wie sie leuchten kann.

Sie leuchtet hell und warm zugleich,
spiegelt Leben, macht uns reich.

Lodert wie die Flamme dort.
Sie erzählt von fernem Ort.

Vom Ort, wo nur die Sonne scheint,
wo alle Seelen sind vereint.

Die Liebe strahlt in unsre Herzen.
Lasst uns werden wie die Kerzen.

Einstimmen auf den Tag

Ich freue mich auf jeden Tag
und staune, was er bringen mag.
Mit Freude öffne ich die Augen,
den Morgen will ich in mich saugen.

Ein Dank dem Schicksal für mein Sein.
Mit einem Lächeln lad´ ich´s ein,
mit mir gemeinsam zu gestalten.
Die Flügel lassen wir entfalten.

Ganz leicht heb´ ich vom Bettrand ab
und gleite in des Tages Trab.

So eingestimmt lässt sich´s gut leben.
So kann ich auch mal Schweres heben,
das sich manchmal ohne Plan,
einfach so ergeben kann.

Neuer Tag

Leben ist wie Energie,
wie ein Bild, wie Poesie.
Heute stark und schön,
morgen zum Vergeh´n.

Jeder Tag gebiert uns neu,
will uns Freude schenken.
Leere Leinwand, weißes Blatt,
was er uns zu bieten hat?

Welche Farben nehm´ ich heute?
Grau in Grau mit rotem Punkt?
Das Rot könnt´ dann schön fließen
und sich in das Grau ergießen.

Aus dem Innern kommt die Kraft,
malt die bunten Tupfer.
Ein nettes Wort, ein warmer Blick,
bringt oft Energie zurück.

Gute Tage, schlechte Tage

Gute Tage, schlechte Tage,
haben Alle, die ich frage.

Kann man auch an schlechten Tagen:
„Ich bin glücklich" sagen?

Ohne sich selbst zu belügen
und die Andern zu betrügen?

Vielleicht liegt da der Kern zum Glück,
dass ich nehme jedes Stück,
betrachte es von allen Seiten,
von der nächsten und der weiten?

Ist vielleicht im größten Graus
auch ein Quäntchen Glück zuhaus´?

So will ich den Tag betrachten und ganz leise,
werd´ ich weise;
denn ich find´ in jedem Stück,
auch die Seite mit dem Glück.

Sonntag

Alle Tage will ich Sonntag,
Freude, lachen, fröhlich sein.
Dazwischen Pflicht und manche Sorgen,
abends geh´ ich glücklich heim.

So ein Tag halt´ ich auf Händen,
wiege Schwer´ und Leichtes ab.
Schließe erst die Augen,
wenn ich Leichtes bei mir hab´.

Ein Liebesgedicht an meine Seele

Die Seele ist mein Paradies,
sie führt mich, wenn ich höre.
Sie holt mich oft aus dem Verlies,
und frägt mich, ob sie störe.

Sie ist sensibel, leidet sehr,
wenn Geist und Körper trauern.
Zeitlos schwimmt sie wie im Meer,
klopft öfters an die Mauern.

Sie freut sich, wenn sie malen kann,
Natur ist ihr Metier.
Klavier, Gitarre und Gesang,
sie will, dass ich versteh´.

Dass ich versteh´, was Leben meint,
mit Körper, Geist und Seele.
Sie alle, mit Natur vereint,
und Liebe niemals fehle.

Gefühl und Weisheit paaren sich,
wenn alles harmoniert.
Vertraute Seele, störe mich,
wenn sich mein Fluss verliert.

Zufall

Fällt der Zufall dir zu Füßen,
vergesse nicht, ihn zu begrüßen.
Denn er ist für dich bestimmt,
wie der Mutter eig´nes Kind.

Dank´ dem Schicksal für die Gunst,
denn darin liegt jetzt deine Kunst,
zu erkennen dieses Zeichen,
ohne dem Sinne auszuweichen.

Fällt die Falle zu,
Zufall hat dann Ruh´.

Befreie dich aus deiner Falle,
lass´ den Zufall an dich ran,
staune, was das Leben kann.

Lass dich führen, lass dich leben,
ER will dich auf Händen heben.

Such´ den Sinn darin zu sehn´,
wo denn deine Zeichen steh´n.

Abendstunde

Abendstund´ gehört den Teufeln,
wenn sie uns mit Sinnen träufeln;
alle Süchte uns entlocken,
jeden Vorsatz gänzlich blocken.

Sportschuh´ sind schon an den Füßen,
Teufelchen hebt an zu grüßen:

„Ach hallo, heut´ war´s doch schwer,
und der Magen ist so leer.
Ruh´ dich erst ein bisschen aus,
später kannst du auch noch raus."

„Stimmt", grunzt da das Schweinchen schon.
„Hol´ dir erst einmal den Lohn:
Ein Stück Käse und ´ne Wurst,
und ein Bierchen für den Durst.

Sportschuh´ sind sehr unbequem,
siehst du dort die Hausschuh´ steh´n?
Laden ein zum Kanapee,
wo ich auch die Glotze seh´."

Der Teufel und der Schweinehund
sind geheim ein fester Bund.

Drum merke: Wenn der Sportschuh drückt,
sind die Beiden vorgerückt.

Faulpelz

Faul der Pelz am Bauche wabbert,
freut sich, dass sein Träger knabbert:
Erdnuss, Chips und Mandelflocken,
auf der Couch in warmen Socken.

Hoch der Hintern, auf zum Sport!
Hilfe, nein, das ist ja Mord!
Viel zu mühsam, dieses Treiben,
nein, das lasse lieber bleiben.

Steh´ nur auf, wenn´s Nachschub braucht,
wenn die Pfeife ist verraucht,
Chipspack leer und Flasche alle:

Pelz am Bauche, walle, walle.

Kurs halten

Das Ändern von des Lebens Wind,
gelingt uns meist nicht so geschwind.
Doch lernt man es beim Segelschein:
Fier auf oder hol das Segel ein.

Dies scheint mir, mit Verstand betrachtet,
der Trick zu sein, wenn man ihn achtet,
den Kurs auch dann zu halten,
wenn Stimmungsstürme walten.

Engel – oder Gott?
Wieder auf Empfang

Hab´ Dir lang´ nicht mehr getraut,
realistischer geschaut.

Kinderglauben längst vergangen,
in realer Welt gefangen.

Geschieht mal etwas unergründlich,
war´s halt Zufall oder glücklich.

Häufen sich mal solche Fälle,
merkt man´s kaum, in unsrer Schnelle.

Einer Auszeit darf ich´s danken;
war beim Neue-Kräfte-Tanken.

Ich fühlt´ mich bald der Seele nah;
auch das Bauchgefühl war wieder da.

Ist Alltagsstress mal überwunden,
und die Wahrnehmung gefunden,
stellt sich ein Gefühl gar ein:
„Das kann doch jetzt kein Zufall sein!"

Es fügen sich Begebenheiten,
lassen Seele höher gleiten.

Nimmt Fühlung auf mit ihrem Reich;
es riecht nach Sonne, Elfen gleich.

Da kam das Wort mir aus den Lippen:
„Mein Engel, darf ich an Dir nippen?
Ich trau´ mich kaum;
ist es ein Traum?

Gerne würd´ ich wieder glauben,
was mein Kinderherz erfreut´.
Eine Bitte, lieber Engel:
Versuchen wir´s erneut?“

„Warum?“ Hört´ ich den Engel sagen.
„Ich war bei Dir an allen Tagen!
Ich sehnte mich nach dieser Stunde,
wo Du sendest mir die Kunde:
Du bist wieder auf Empfang.
Ich hoffe, jetzt Dein Leben lang.“

Rosa Brille

Wer bin ich und wenn ja wie viele?
Sind wir denn nicht alle Eins?
Realistisch oder im Gefühle,
wär´ ich oftmals lieber Keins.

Da komm´ mir keiner mit der Kindheit.
Die läuft bei allen schief!
Gar schön war manche Blindheit;
im Mutterleib ich schlief.

Gezeugt und dann geboren,
da gibt es kein Zurück.
Da gibt´s was auf die Ohren,
und manchmal gibt es Glück.

1,2,3,4,5,6,sieben,
wo ist denn mein Glück geblieben?

In dem großen Spiel des Lebens
wartet man, und meist vergebens,
wenn man Glück so definiert,
dass man nie den Flow verliert.

Die rosa Brille tut uns gut.
Sie gibt uns den Mut,
auch Dinge lächelnd anzuseh´n,
ohne uns gleich umzudreh´n.

Erkenne, dass auch manches Mal,
du selbst bestimmst die Wahl der Qual.

Die rosa Brille und der Mitte Kern,
helfen dabei gern.

Probleme

Probleme zu verdrängen,
löst von manchen Zwängen.

Manches ist dann nicht mehr da;
schon weg, bevor ich mich versah.

Vielleicht war´s nur im Kopf vorhanden,
wo sich Viele gleich verbanden,

um mir zu sagen: „Armer Tropf,
das Schicksal hat dich bös´ am Schopf".

Manches, das ich stur verdränge,
löst in mir die Enge.

Manches kommt geballt zurück,
stellt sich vor mein Glück.

Probleme gibt's, die gibt's gar nicht;
im Hirn nur der Gedanke sticht.

Dann gibt es welche, die sich blähen,
und gerne große Samen säen,
damit sie immer größer scheinen,
unendlich sich vereinen.

Probleme gibt es noch zuhauf,
das Leben nimmt ja seinen Lauf.

Sie alle nähmen mir das Glück,
lebt´ ich nicht im Augenblick.

Im Augenblick der kleinen Freuden,
diese darf ich nicht vergeuden.

Nobody is perfect

Wenn Leben Kampf und Bürde ist,
dann gibt es eine List:
Wäg´ ab, was überwiegt!
Nur das, was dir im Bauche liegt?

Versuche schnell, auch das zu seh´n,
was Flügel gibt beim Geh´n:
Es ist die Einheit, die dann zählt,
und nicht, was dich gerade quält.

In diesem Sinne seh´ ich schon,
per Saldo ist der Mühe Lohn:
Gemeinsam zu dem Glück zu schreiten,
wo uns keine Teufel reiten.

Sind wir einst vollkommen und perfekt,
keine Kante mehr, die eckt,
kommt vielleicht auch Unbehagen
und ein Wunsch nach jenen Tagen,

wo wir kämpften mit den Fragen:
Was will Dies und Jenes sagen?

Stuf´ um Stufe sollst du schreiten,
das Bewusstsein sollst du weiten!

Melancholie

Du gibst dem Leben eine Tiefe,
von Dur zu Moll, direkt ins Herz.
Wie wenn ich danach riefe,
verharre ich im Schmerz.

Es ist ein Traum mit alten Bildern,
plötzlich aufgeführt;
möchten mir gar traurig schildern,
was mich tief berührt.

Ein sanfter Nebel mich umschwebt,
fühlt sich an wie Leere.
Habe ich jetzt längst gelebt?
Schön wär´s tief im Meere.

Kann nicht leugnen, fühlt sich gut.
„Wach´ auf, es ist schon Morgen!
Vöglein zwitschern, geben Mut,
Flügel sie dir borgen!"

Du Seelenblues, du Sehnen;
du Singen der Sirenen.
Du lockendes Verführen.
Ich will dich nur berühren.

Bilder voll Energie

Ob Urknall oder Schöpfung am Anfang waren,
Licht gab es in hellen Scharen.

Am Anfang nahm die Erde ihren Lauf,
am Ende geht sie in der Sonne auf.

Dazwischen liegen Milliarden von Jahren,
von denen wir nur einen Bruchteil erfahren.

Im Licht der Freiheit steht die Kunst,
Ideen zu gebären,
das Dasein zu erklären,
mit Poesie und Bildern – ohne Gunst.

Beschwerlichkeit und Leichtigkeit,
im Wandel der Zeiten,
Erspüren unendlicher Weiten,
in einem Stück der Ewigkeit.

Die Dunkelheit mit Licht zu füllen,
mit Realität und Fantasie;
die Wahrheit in Bilder zu hüllen,
das gelingt nur dem Genie.

Gefühle farbig sprechen lassen,
nach des Ursprungs Quelle fassen,
gordische Knoten kraftvoll zerschlagen,
ständig nach neuen Erkenntnissen jagen.

Liebe, Licht und Wärme verblassen nie,
in den Bildern voll Energie.

Frühlingsgedicht

Lange wollt´ der Schnee noch bleiben,
Frühling kämpft´ mit voller Kraft;
darunter konnten Knospen treiben,
und der Winter war geschafft.

Im Herbst, da durften Blätter fallen,
alle Kraft entwich;
bei Bäumen, Pflanzen - ja bei Allen,
und es traf auch mich.

Kahle Äste, dickes Fell,
bereit für kalte Tage.
Frost bringt dann der Winter schnell,
für manche eine Plage.

Winterschlaf beneid´ ich sehr;
erspart das ganze Leiden.
1000 Träume und noch mehr,
Du träumst von grünen Weiden.

Doch was soll das Lamentieren?
Der Frühling ist ja endlich da!
Bei Menschen, Pflanzen und bei Tieren,
Knospen springen; ruf jetzt: „Ja!"

Ja zum Leben, Ja zur Freude,
Ja zum frohen Frühlingstanz,
Ja zum Ja, - kein Nein vergeude,
Lebe jetzt und voll und ganz!

Frühlingsbild

Schließe die Augen und lausche der Sonne.
Spüre die Vögel und rieche die Wonne.

Gelb ist der Frühling mit Tulpen verziert.
Erkenne die Seele, die Blüten gebiert.

Entspanne den Geist und öffne die Ohren,
der Wind bläst hindurch wie bei offenen Toren.

Schwere Gedanken beginnen zu Schweben.
Tschüss und Adieu, verlasset mein Leben.

Kinderlachen dringt an mein Ohr,
zaubert sofort ein Lächeln hervor.

Ich denke Musik und in Versen ich sing´,
ich male den Frühling ganz tief in mir drin.

Löwenzahn im Garten

Löwenzahn, du Spiel der Sonne,
du leuchtend´ gelbes Licht.
Du Schmuck der Wiesen und der Felder,
zuhaus´ mag man dich nicht.

Verwandelst dich von grün in gelb,
und dann in zarte Schirmchen.
Dem Boden sagst du bald Adieu;
mit dem Wind geht´s in die Höh´.

Und fehlt der Wind,
kommt bald ein Kind,
das bläst mit großem Spaß,
die Schirmchen weg ins Gras.

Aus jeder Blüte 100 Samen,
lassen leicht erahnen:
Der Garten wär´ dir untertan,
drum leg´ ich den Spaten an.

Entspannung am Bodensee

Bin nur „Ich", genieß´ das Leben.
Hummel lässt die Rose beben.
Prall bepackt die gelben Taschen,
seh´ ich sie vom Nektar naschen.

Und dazu, weil es mir schmeckt,
nipp´ ich an dem kühlen Sekt.
Blau der Himmel, blau der See,
im Hintergrund ein Berg mit Schnee.

Die Mainau zeigt ihr schönes Schloss;
ich sitze hier, wie hoch zu Ross.
Nehm´ huldigend der Vögel Lieder,
vom Zeppelin winken sie hernieder.

Was bin ich für ein Glückspilz nur,
genieße hier das Leben pur.

Im Park

Blühend steht der Klee im Rasen,
Bienchen folgen ihren Nasen.

Amsel zieht den Wurm zur Länge,
begleitet von der Meisen Klänge.

Ein´ Schmetterling im Flatterflug,
soeben noch die Raupe trug.

Der Rotschwanz füttert seine Jungen,
die lauthals zirpen mit den Zungen.

Außer mir kuckt noch ´ne Katze,
schleckt sich hungrig schon die Tatze.

Herbst – Ankündigung

Im Herbst hör´ ich die Blätter fallen,
sagen mir Adieu.
„Wärmet Euch und sagt es Allen:
Bald schon kommt der Schnee."

Gut genährtes Herz

Morgennebel zart und grau,
hält mich sanft geborgen.
Ich träume von den Eiskristallen,
lächle in den Morgen.

Warmer Hauch aus Kinderherzen,
lässt Kristalle zart verschmelzen.
Apfelduft in Omas Stube,
ach wie schön war´s dort als Bube.

Träumend denk´ ich an Advent,
wenn überall ein Lichtlein brennt.
Wenn Tannenduft das Haus ergreift,
und Sanftmut in den Herzen reift.

Ich setz´ mich ans Klavier und fröne.
Ganz innig spiel´ ich Weihnachtstöne.
Mein Herz dazu ganz leise summt,
alle Sorgen sind verstummt.

Der Tag erwacht, der Nebel steigt,
die Sonne erste Strahlen zeigt.
Mein Herz ist gut genährt mit Glück,
bereit zu gehn´ das heut´ge Stück.

Herbst, willst Du schon kommen?

Herbst, kommst Du nicht viel zu früh?
Wer hat Dich gerufen?
Mein Liegestuhl steht noch im Garten;
gerne würd` ich auf Dich warten.

Ständig fallen Blätter von den Bäumen,
muss den Rasen laufend räumen.

Beuge mich in Deine Laune,
überhöre, wenn ich raune.

Vorwurf ist genug gefallen.
Natur, es ist Dein Lebenswerk.
Komme, wann es Dir belieben;
ich werde mich begnügen.

Herbstgedanken

Im Herbst darf man loslassen.

Der Herbst malt alles in den schönsten Farben.

Die Herbstsonne ist wohlig warm.

Wir dürfen Sorgen loslassen,
Essgewohnheiten loslassen,
Trinkgewohnheiten loslassen,
Stress loslassen,
Falten im Gesicht loslassen.

Wir bereiten uns auf den Winter vor.

Wir freuen uns auf knisterndes Kaminfeuer,
Kerzenlicht, lange Abende,
Musizieren, Lesen, Reden, Lieben, Lachen.

Wir freuen uns auf den Frühling des Winters.

Freiheit

Freiheit, die ich meine,
hebt hinweg die Steine,
die in meinem Wege liegen.
Liebe kann auch sie besiegen.

Freiheit, die ich meine,
achtet auch das Kleine.
Lässt die Zartheit blüh´n,
wie im Gras das Grün.

Freiheit, die ich meine,
führt mein Herz ins Reine.
Lässt sich nicht vom Äußern stören,
kann sogar die Herzen hören.

Freiheit, die ich meine,
ja, das ist auch Seine.
Und das ist die Liebe pur:
Freiheit lebt im Innern nur.

Skifahren

Hoch der Gipfel steht im Wind,
vollgesaugt mit Sonne.
Ich freu´ mich wie ein kleines Kind,
spüre schon die Wonne.

Schwebend genieße ich die Welt,
unter mir die Hügel;
schneebedeckt erhellt,
wachsen mir schon Flügel.

Langsam fahr´ ich talwärts nieder,
Schwung auf Schwung in Harmonie;
summe leise meine Lieder,
gehe federnd in die Knie.

Tanz im Rhythmus auf den Bergen,
Seele jubelt warm im Bauch:
„Grüß´ Schneewittchen mit den Zwergen,
und die Hexe auch."

Ikarus, mein Bruder, warnt mich:
„Komm´ der Sonne nicht zu nah,
bleib´geerdet" - Er empfiehlt sich,
als ich noch den Pfosten sah.

Ach, der Himmel ist auf Erden,
und das Paradies dazu.
Lasst uns Lebenskünstler werden;
beim Skifahr´n geht´s im Nu.

Alles vergeht

Himmelhoch jauchzend,
zu Tode betrübt.
Dazwischen liegt Sehnsucht,
die sich nie begnügt.

Das menschliche Schicksal
ist niemals nur froh.
Nur Glück, das heißt Stillstand,
es ist nun mal so.

Stufe um Stufe will ich mich weiten,
die Lebensspur, auch steinig, durchschreiten.
Wie das Wasser niemals steht,
alles Erlebte stets vergeht.

Du kannst ihn nie halten,
den schönen Moment.
Drum genieße ihn innig,
bevor er sich trennt.

Gegangen

Deine Stimme, uns vertraut - entschwunden,
Dein uns tröstend´ Wort - verweht.
Wir möchten uns erkunden,
wie es Dir da drüben geht.

Die Hoffnung ist der Glaube;
beflügelt unser Herz.
Am Himmel fliegt die Taube;
verbindet uns im Schmerz.

Trost spricht uns nur die Liebe,
sie kennt die Trennung nicht.
Gegönnt sei Dir der Friede,
im ew´gen hellen Licht.

Glückstag mit Leidenschaft

Liebe ist ein Fluss des Lebens,
auch ein Ausdruck zarten Bebens.

Warmes Kribbeln macht sich breit,
Arme öffnen sich ganz weit.

Schmetterlingsgefühl im Bauch,
Kerzenschein und duftend´ Rauch.

Arien der Liebe klingen,
jede Zelle möchte singen.

Fließen wie das Blut in Venen,
wenn zwei Menschen sich ersehnen.

Liebesrausch will sie betören,
spüren, riechen, tasten, hören.

Träumend auf den Wolken fliegen,
alles Irdische besiegen.

Weiche Landung auf der Erde:
Heute unser Glückstag werde.

Traum vom Baum

Hoch auf einem Baume,
wähnt´ ich mich im Traume.

Harz ich auf der Zunge schmeckte,
ein Eichhörnchen mir die Finger leckte.

Gegenüber hört´ ich´s pochen,
Buntspecht nagte wie am Knochen.

Plötzlich spürte ich ein Saugen,
traute nicht mehr meinen Augen;

war verschwunden tief im Baum,
zum Glück befand ich mich im Traum.

Wie ich so in Säften weilte,
mich hinab zur Wurzel seilte,
hört´ ich leise zu mir sagen:
„Hallo Freund aus jenen Tagen,

als vereint wir oben schwebten,
ewig in dem Lichte lebten,
schmiedeten den Plan;
bald schon kam ich an,
um in einem Baum zu leben,
frei durch die Gezeiten streben;
Knospen sprießen, Blätter treiben,
Regentropfen einverleiben.
Vögel mir ihr Liedchen singen
und von Ast zu Aste springen.
Schatten spenden, Herzchen ritzen,
auf der Bank aus Holze sitzen."

„Danke Freund", hör´ ich mich sagen.
„Ich träume schon von jenen Tagen,
wenn uns wieder, ganz vereint,
die Sonne in die Seelen scheint."

Tief berührt, ich glaubt´ es kaum,
entschwand aus mir der Traum vom Baum.

Mein Freund, der Baum

Wenn der Baum ´ne Seele hat,
steckt sie dann in jedem Blatt?

Muss sie ewig darin bleiben,
oder kann sie sich entleiben?

Einfach wieder weiter zieh´n,
vielleicht zum nächsten Baume hin?

Wenn ich taste an den Stamm,
was fühl´ ich dann?

Spüre kribbelnd Energie.
Wurzelsäfte tragen sie
aus der Erde hoch zum Wipfel –
berühr´ ich einen Seelenzipfel?

Überall durchseelte Erde,
die im Jenseits Eines werde.

Herzenhören

Wenn mein Herzchen Ohren hätte,
und darum ´ne Perlenkette,
tanzte ich in meinem Ohr
und stellt´ mir was Besond´res vor.

Mein Herz könnt´ sich direkt verbinden
mit den Sehenden und Blinden.
Bräuchte nicht auf Kleider schauen
und sich Vorurteile bauen.

Ganz direkt von Herz zu Herz,
spüren auf des Andern Schmerz.

Könnte lachen, könnte spüren,
ließe sich vom Innern führen.

Sähe Herzen lachen, weinen,
alle könnten sich vereinen.

Normal

Stink normal und doch verrückt,
angepasst und ganz verzückt,
ist das Menschenbild der Masse.
Und das findet man dann Klasse.

„Stell´ dich an und halt den Mund!",
tut so manches Stimmlein Kund.
„Zieh´ ´ne Nummer! Steh´ ins Eck!"
Das Ganze schert dich einen Dreck.

Lass´ dich von den Großen gängeln,
versuch´ behände, dich zu schlängeln.
Pflück´ die Krümel ganz geflissen,
die man dir hat hingeschmissen.

Tu´s der Masse endlich gleich,
schwimm´ mit ihr im selben Teich.
„Tanzt schon wieder aus der Reihe!
Warte, bis ich jetzt gleich schreie!"

Die drei Affen kennst du doch;
steige rein in jenes Joch.
Uniform und gleich im Schritt,
laufe mit der Masse mit.

Nicht mit mir! Das kotzt mich an,
denn ich bin ein freier Mann.
Hab´ den Geist zum Denken;
möcht´ ihn euch gern schenken.

Lebe mich

Lass´ Dich leben,
lass´ Dich lieben.
Lasse Dich nicht unter kriegen.

Traue Ihm Dein Leben an,
staune, was Sein Wille kann.

Sehnsucht wird er stillen,
Wünsche Dir erfüllen.

Die Gedichte schenkt´ er mir,
sehe sie als Dein Plaisir.

Such´ Dir Worte fürs Gemüt;
warm die Seele in Dir blüht.

Poesie endet nie

Ewig könnte ich so dichten,
immer neue Worte schichten.

Es macht Spaß, ich bin gespannt,
wie aus einem andern Land.

Es fließt so schön und nimmt mich mit,
wie auf einem Wolkenritt.

Wie ein Vogel kann ich fliegen,
kann mich auf den Wipfeln wiegen.

Alle Grenzen sind gesprengt,
alles was den Sinn verengt.

Dicht´ am Morgen, dicht´ am Abend,
nichts kenn´ ich, das ist so labend!

Erhellend wirkt die Reise,
für die Seele Speise.